JN408967

당신이 주신 한 줌 꽃씨

당신이 주신 한 줌 꽃씨

솔뫼 양충훈 시조선집

도서출판 천우

● 서문

이러저러한 연을 인해
아롱다롱 여러 씨앗을 많이 전해 받았지만
재능이 부족하고 정성이 자라지 못해
거의 말라비틀어졌거나 물러져 틔우지 못했었는데
어쩌다 가끔 싹터 눈이 나고 잎 자라
다행히 꽃 같아 보이는 것 더러 나와 따로 추려
분에 심어 내 뵈려 한다

그래도 필자에겐 생산이라 대견해
행여 이 시조 한두 수라도 즐겨 주실 특별한 연분이라도
찾아질까 싶어 씻기고 단장하여 내어놓는다
노산 처녀작이라 면구스럽기도 하고
흘겨볼 눈길도 어른거리지만
얼굴 두껍게 분칠하고 시침 떼기로 한다

어르고 단장시켜 고운 옷 입혀주신
(주)천우 출판사에 깊은 감사를 드린다

기해년 조춘

솔뫼 양충훈

제 1 부

당신이 주신 한 줌 꽃씨

● 서문

당신이 주신 한 줌 꽃씨 — 13
봉오리채 지는 꽃, 동백 — 14
평범찮은 평범 — 15
비정을 깨고 녹여 — 16
홍매화 — 17
속 그리움 짙은 고향 — 18
생명 — 19
씨앗 — 20
봄 노래 — 21
춘화현상(春花現狀) — 24
열정 페이 인턴 — 25
홍연꽃 — 26
추억 — 27
쌈지공원 — 28
문자 찍는 손놀림 — 29
쑥 앞에서 — 30
농부 여망 — 31
봄꽃들 입술 터지는 소리 — 32
가로수 — 33
내별 — 34

제 2 부

새 발자국 스멀댄다

새봄 — 37
내 발자국 — 38
봄의 초대 — 39
무심 — 40
새로 만년 흐르라, 한강 — 41
제라니움 — 42
벚꽃 차일(遮日) — 43
왕벚나무 꽃 진 자리 — 44
달밤에 — 45
내 삶 살이 — 46
낙엽도 와르르 내려 — 47
잉어 — 48
오늘도 사위는 데 — 49
신촌 — 50
나, 이 봄 어이 보네 — 51
해바라기 — 52
관찰 — 53
새 발자국 스멀댄다 — 54
임 없어 휑한 방 — 55
총총한 별 보려거든 — 56

제 3 부

어머니의 겨우살이

왕도 따로 없었네 — 59
달맞이꽃 — 60
참맘을 참말에 담아 — 61
어머니의 겨우살이 — 62
볏논에 물바람이니 — 63
봄, 싹 눈 순 솟음 한다 — 64
증심사 — 65
장송이 겸손하여, 소나무 — 66
울다가 웃으면 — 67
옳게 가나 보려면 — 68
세한삼우(歲寒三友) — 69
청계산 — 70
겨우내 긴 잠 한잠 자두리(동면) — 71
밥차 오니 서둔다 — 72
회광반조(廻光返照) — 73
판소리 — 74
진도 아리랑 — 75
박토 — 76
흰색 캔버스 — 77
샛바람 텃세하니 — 78
백야 — 79
찔레꽃 — 80

제4부

세파를 비워내려

사람 내 나는 동네 — 83
내 기분 내 거니까 — 84
흰 연꽃, 꼿꼿이 목 새웠다 — 85
그리다 사위고 마는 꽃무릇 — 86
나무 — 87
미세 먼지 — 88
오지게 핀 모둠 꽃, 진달래 — 89
해 바뀜 — 90
새해 솟음 — 91
송석정 송림 송(頌) — 92
새해 해돋이에 — 93
기억도 추억되면 — 94
이 쓸데없는 날 — 95
낙엽 져 나목 되니 — 96
버들개지 — 97
산기슭 외딴 고가 — 98
큰 여망 — 99
세파를 바워내려 — 100
봄새 좋은 건 모두 꽃 — 101
수국 철 됐나 보다 — 102
귀뚜라미 울음소리 — 103
아버지 — 104

제5부

천년 솔뫼 이루려

나팔꽃 — 107
노랑꽃창포 — 108
개망나니 — 109
아가방 — 110
눈에 선한 내 옛터, 고향 — 111
두어라 남은 여생 맘 비우고 살리라 — 112
불가능은 있다 — 113
세상사 — 114
참살이 본 보이라네 — 115
천년 솔뫼 이루려 — 116
새 오늘 — 117
금혼식 이내네 — 118
쓴소리 — 119
여름 씬 — 120
허구, 허영, 허업 — 121
하늘 창 닦아 내니 — 122
홀로 라이프 — 123
농촌 씬 — 124
폐지 줍는 노인 — 125
통곡 — 126
망백 노인 — 127
커리어 우먼 — 128
엉망 — 129

● **해설** | 자연과 사색의 미학(美學)/ 김전 — 130

제1부

당신이 주신 한 줌 꽃씨

당신이 주신 한 줌 꽃씨

마물던 마음 밭 괭이로 파 다듬고
아담한 꽃밭 일궈 깔끔히 골을 내어
당신 준
한 줌의 꽃씨
기도하며 뿌렸지

따스히 날 풀리면 싹 틔고 북 해주고
가꾸고 꽃을 피워 조붓한 꽃길 내서
오시는
당신 맞는 날
꽃다발 싸 모시리

봉오리채 지는 꽃, 동백

누구도 안 보는 데 홀로 선 우람 자세
보는 이 없다 해도 흩트림 없는 의지
제 품위 세우느라고 늘 푸르게 섰구나

진초록 녹엽 사이 얼굴 든 새빨간 꽃
한순간 깜짝 피려 솟음 한 노랑 꽃술
흩어질 꽃 날림 싫어 봉오리채 지는 꽃

펴야 할 뜻 펴리라 악물고 다짐하며
맘 깊이 심지 세워 산길에 붙박았다
무심한 외지 나그넨 봉오리 꽃 밟는다

평범찮은 평범

남들 다 비범해서 삶 살이 쉽잖다
말 좋은 중간 들기 비범해야 차례 온다
비범히
노력해서야
중간 드는 평범함

비정을 깨고 녹여

속 깊이 응어리진 가슴 멍 퍼런 지대
농 짙은 응달 그늘 짱짱 언 도시 민심
비정을
깨고 녹여서
우정 도시 이루세

홍매화

너라도 활짝 웃거라
새색시 따라 웃게

너 먼저 하하 웃어라
봄소식 담을 넘게

질 때도 웃으며 날라
져도 너는 꽃이니

속 그리움 짙은 고향

서울서 나서 자란 이
고향을 그려 운다

나 자라 눈 익어도
정 안가 타향이라

마음속 그리움에
난 자리서 실향민

생명

맹물이 바위처럼 땡땡 언 추위에도
땅 스며 오른 물기 갈한 목 축여주면
생명은
실눈을 뜨며
새싹 틔는 생명력

씨앗이 어쩌자고 설 자리 겨룸하랴
운명도 탓하잖고 자랄 곳 자리 잡네
씨름꾼
두 다리 뻗듯
뿌리 내려 꼿 선다

씨앗

박토 탓하지 않고 발 단 곳 밭을 삼아
바위 위 아니면 거기서 뿌리 내네
뿌려짐 원망도 않고 싹을 틔는 치열함

봄 노래

입춘 즈음

상큼한 봄기운이 틈새 헤집어도
덜 녹은 눈사람이 훈풍을 막고 서네
스미는 초봄 냉기가 여직 골수 파고드네

봄 발길 힘겨워서 오시다 기진해도
땅 뚫고 오른 물기, 맴도니 땅 녹는다
바윈 듯 굳었던 흙 속 새싹들이 솟누나

조춘 기미

살 떨던 겨울 기온 훈훈히 녹아지며
푹해진 봄기운이 한기를 몰아내네
몸 풀린 각시원추리 눈 비비고 눈짓해

연초록 희망들이 또렷이 솟음 하면
땅속에 자던 생명들 흙 헤집고 올라선다
새봄도 양달 볕 펴듯 온 들판에 봄 편다

한창의 봄

굳은 몸 근육 풀기 차분히 진행되면
굳었던 관절마다 원활히 움직인다
앙칼진 계절 해코지 물리쳐 낸 상이네

맘속의 밀지들이 밀어로 펴오르고
가슴의 속그리움 연서로 돋아난다
쌩콩한 시샘 바람을 견뎌 이긴 덕이네

상춘의 맛

동구에 봄볕 드니 봄꽃들 실실댄다
참 매실 하얀 단장 홍매화 빨강치장
겨루며 예서 또 재서 아름다움 돋누나

삼사월 훈풍 덕에 할배 뼈 좍 펴지고
봄바람 훈김 발에 할매 등 쭉 뻗치면
겨우내 뭉겼던 이불 개울물에 내 빨리

봄 일

날 풀려 몸 풀리니 한 해 살 요량한다
날 받아 간장 담고 때맞춰 고추장 담네
실하게 자란 모 쪄다 논에 희망 심으리

누군들 꿈꿨을까 박차고 일어설 줄
산 것도 놀라운데 요령도 피어나니
풍상도 참아 낸 환희 우리들의 봄노래

춘화현상(春花現狀)

꽝꽝 언 산벚꽃이 조춘에 꽃을 핀다
봄님이 생긋 웃어 봄꽃에 눈길 주면
한기도 참아 이기고 꽃을 피는 봉 터짐

인생이 고달프냐 소년이 질문한다
추위를 거쳐야만 봄꽃도 쉬 피는 법
그렇듯 고생 이겨야 인생 꽃도 피나니

열정 페이 인턴

사람에 시달리고 사건에 휘말리니
억울해 속상하고 말 참아 속 터진다
온종일 얽 맺힌 한을 잠꼬대로 맘 푼다

그 잘난 정규직들 깐깐해 얄짤없다
까불고 짓누르고 사람값 안쳐준다
더럽고 위험한 일들 골라가며 내꽂네

예제서 불러대서 붙여진 딸랑이 호(號)
말단도 대표님도 부르는 이름 어이!
서럽고 몸도 고달픈 열정 페이 인턴들

홍연꽃

물바람 간지럼을 못 참는 너였었고
은근한 향수처럼 말 적은 너였었지
수줍어
볼 발개지며
뾰로통한 너였지

물바람 귀엣말에 몸 꼬는 속내 알고
진하지 않은 향에 속정도 알만하네
볼 붉는
수줍음에서
속 그리움 본 듯해

추억

세월을
되 돌이켜
뒤로는 못 가지만

추억은
뒤돌아서
자꾸만 뒤로 가네

시간을
휙 되감아서
추억으로 가고파

쌈지공원

양재천 쪽 공원에
양달이 와주시면
보라꽃 맥문동밭
벤치를 닦아놓고
글벗님 두서너 분을
글감 풀자 모시리

문자 찍는 손놀림

스마트 시대라서 여성들 신명 났다
손가락 날씬하여 문자질 날렵하다
손톱도
끝 뾰쪽하여
오자 없이 잘 찍네

쑥 앞에서

얼고 언 땅속에서 꽝 굳은 돌 안 되고
밟혀서 마당처럼 굳은 흙 뚫고 나와
용케도
겨울잠 깨고
쑥은 싹이 오른다

한파와 설빙 뚫고 기어 튼 솟음 앞서
빽 없고 돈 없어서 아무것 못 했다고
누구랴
이 쑥 앞에서
핑계하고 서겠나?

농부 여망

가 없는 들녘에서 쉼 없이 일을 하는
노 농부 오직 여망 풍성한 알곡 거둠
흩뿌린
땀방울만큼
소출 나면 좋겠네

봄꽃들 입술 터지는 소리

이슬비 물뿌리개 물 맞아 눈[芽]을 뜨고
번개가 천둥소리 대갈해 겨울잠 깨는
봄꽃들
입술 터지는
뽕 소리에 봄 온다

가로수

신작로 양편으로 종대로 두 줄 늘어
길 따라 구불구불 줄 잇는 긴 긴 행렬
고달픈
행군에 지쳐
줄 선 채로 조누나

잎가지 위장하고 앞 사람 좇는 행군
군가도 없이 걸어, 가는 길 고달픈지
걷다가
해 넘어가니
짐 진 채로 자누나

내별

여름밤 정 중천에 뚜렷이 자리한 별
저 보니 나를 보고, 처 보니 내려 본다
단단히
찜해두고선
내 별이라 찜했네

저 별은 내 별이다 손가락 펴 찍어 놓고
맘 잡고 두 손 모아 원 빌고 다시 보니
찜했던
별 어느 건지
자리 몰라 또 헨다

제 2 부

새 발자국 스멀댄다

새봄

누군들 꿈꿨을까
자리 차 일어설 줄

선 것도 놀라운데
꽃마저 피며 오네

풍상도 비워 낸 의지
이게 우리 봄이네

내 발자국

산수에 돌아보니 꼬린 듯 뒤가 길다
공적 길 못 되어서 감감히 희미하다
명예론
삶마저 못 돼
줄 모양도 리을 자

봄의 초대

촉촉이 물기 오른 백목련 나무초리
바람도 잔가지를 흔들며 숨길 주니
우듬지 초리 끝마다 몽우리 터 봄 펴네

봄님이 훈훈하게 훈풍을 숨 내쉬면
함께 가 좋을 사람 두세 분 모셔다가
차 우려 함께 나누며 봄꽃 시조 읊으리

무심

시월의 어느 오후 가로수 반그늘에
누릇한 개모과가 두어 개 열렸는데
그 아래
줄 풀린 개가
오줌 싸고 내뺀다

백련 핀 연방죽에 물바람 일렁이면
펑퍼진 연잎들이 푸석이 마르는데
연잎 위
청개구리는
폴짝폴짝 노니네

새로 만년 흐르라, 한강

한강이 흐르누나 내 평생 본 그대로
사람들 말하길 만년은 흘렀다네
유구히
그치지 않고
새로 만년 흐르리

노량진 마포진 간 병목을 넘고 나면
차인 물 서해까지 훤하고 질편한데
호순 듯
앞바다인 듯
만년 흘러 족하다

제라니움

유록색 잎 사이로
옹골찬 빨강 꽃잎

성긴 잎 헤적이며
눈웃음 생글댄다

적삼 섭 들리는 날엔
동내 총각 뽕 가리

벚꽃 차일(遮日)

미소년 웃음인 양 왕벚꽃 화사하다
하늘이 개운하니 꽃 모듬 차일치고
맘 달뜬
아가씨들을
그 속으로 모신다

마파람 살랑대니 흰 꽃눈 팔랑 날림
흩날려 내려앉아 꽃 이불 곱게 펴네
금침 본
아가씨들은
어서 신방 펴 곱다

왕벚나무 꽃 진 자리

센 바람 왕벚나무 멱살을 내흔드니
흰 꽃잎 못 버티고 나빈 듯 내려앉네
꽃잎 져
이 빠진 자리
꽃 수술이 메우네

달밤에

노방주 교교한 색 삼경 달 맑고 밝다
찬란한 월광 금파 들판에 일렁이고
바람에
은행잎들은
금화처럼 쌓인다

내 삶 살이

이 자리 내 서 있는 지금이 좋습니다
남 삶과 비교 않는 내 삶도 좋습니다
어제와
견주지 않는
오늘 삶 더 좋구요

낙엽도 와르르 내려

가을비 한나절에 내복이 한 벌이라
종일을 내렸으니 땅인들 얼잖으랴
낙엽도
와르르 내려
단풍이불 덮는다

잉어

봄 깊은 양재천에 잉어 떼 용오름 해
용꿈 꿔 강 차올라 여울까지 치올랐다
물차고 승천 못 하면 산상봉에 오를 세

오늘도 사위는 데

어제도 과거 씹고 그제 살 듯 살았었고
오늘도 어제 같듯 섭섭히 사위는데
내일이
또 올 거라는
확신이 또 없구려

신촌

꽤 옛날 호박밭이 아파트 산 되어 섰다
서강에 가던 길도 흔적도 자국 없다
여기가
호박밭임을
상노인만 아느니

나, 이 봄 어이 보네

나는 못 보내네 나, 이 봄 어이 보네
한 봄 내 다독인 정 켜켜이 쌓이는데
한 계절
즐겼었다고
세월인 듯 못 보네

해바라기

오직 한 임 그리다
목 숙인 가여운 꽃

그리움 알알 맺어
촘촘히 씨 박혔다

상사병 속 탔었는지
숯 검댕 씨 알차다

관찰

눈 뜨고 보아야만 뵈는 게 많이 있고
실눈에 보아야만 뵈는 게 더러 있고
눈감고
그려봐야만
잘 뵈는 것 있더라

새 발자국 스멀댄다

널따란 개펄 벌판 새떼의 삶의 자리
샅샅이 뒤졌는지 발자국 스멀댄다
사람 발
못 밟아 본 곳
새떼는 다 뒤졌다

임 없어 휑한 방

동짓달 기나긴 밤 촛불을 밝혀두고
서린 듯 소리 없이 임 오길 기다리나
군불 때
달군 안방도
임 없으니 휑하다

총총한 별 보려거든

어두워 별 보이지 한낮에 별 보일까?
대낮에 사람 눈에 보일 별 있으랴
총총한
별 보려거든
맑은 밤에 눈들게

대낮엔 눈이 부셔 뭇 별을 못 보나니
어둠에 들어서야 빛줄기가 보이는 법
밝은 별
찾으려거든
맑은 밤하늘 보시게

제3부

어머니의 겨우살이

왕도 따로 없었네

살고 나 이제 보니 걷던 길 내 길이고
옳은 길 좁았었고 바른길 험했었네
고생길
내 길이었고
왕도 따로 없었네

달맞이꽃

얼핏 봐 잘 모른다 어디 어찌 예쁜지
한 눈엔 알 길 없다 얼굴색 깔끔함을
토라져
삐딱하게 선
아내 같은 앙칼짐

토라져 돌아섰다 언죽번죽 구는 여유
달 얼굴 보고파서 곱 딛고 서는 오기
해름에
마주 서 오며
삐죽 입술 내민다

참맘을 참말에 담아

말 속엔 맘 들어서 말 보면 맘을 안다
맘 있음 진담이요 맘 없음 허언이라
참맘을
참말에 담아
참사랑을 쌓으리

어머니의 겨우살이

맘 아파 우는 모습 자식에게 안 보이려
눈 속에 눈 들어가 눈물 난다 눈 비비던
어머니
겨우살이는
눈물에 찬 삶 살이

아픈 속 멍들잖게 따뜻하게 감싸주던
가슴팍 밝인 말씀 그 위로 못 잊겠네
사내놈
서너 번 실팬
훈련이라 하셨네

볏논에 물바람이니

볏논에
물바람 펴
논배미 파랑 인다

논벼가
일렁이니
메뚜기 해먹 탄다

멀미해
어지러운지
볏잎 잡고 애탄다

봄, 싹 눈 순 솟음 한다

봄 햇살 이 저 구석 봄 들녘 쬐 주면
봄 벌레 예서 제서 입 열며 기지개 켜
흙밭도
보글보글이
물기 괴어오른다

온 들도 햇발 맞아 기지개 양팔 펴면
겨울 지난 반빙(半氷)도 물기 돌아 사각댄다
쑥 돋듯
싹과 눈과 순
머리 들고 솟는다

증심사*

백팔번뇌 안고 산 오른 중생들이
풀고 갈 듯 메고 갈 양 천배로 기도한다
천배로
해소된다면
그게 뭔 큰 번뇔까?

천 배로 해소 안 됨, 삼천 배 부복하고
극기로 해소 못 함 금강불괴 정진하려
마음속
차인 탐욕을
벗고 자유 하고저

* 증심사(證心寺) : 광주광역시 동구 운림동 무등산에 있는 절.

장송이 겸손하여, 소나무

키 자라 높이 솟아 하늘 껏 크는 나무
강하고 철갑입고 우람하게 자라나도
장송이
겸손하게도
이름하여 소나무

울다가 웃으면

세상사 어이없어 생각도 중심 없네
웃다가 울게 되고 울다가 웃게 되네
울다가
다시 웃으면
어디 어디 뭐 난데

옳게 가나 보려면

찬찬히 살펴 가라 바른길 가려거든
눈감고 새겨보라 가야할 길 찾으려면
세심히
두들겨 보라
옳게 가나 보려면

세한삼우(歲寒三友)

세 벗들

세한에 쇠하잖고 당당한 벗 셋 있네
두 벗은 소 · 대나무 또 하나 설중매라
벗 한 분 기쁨인데 세 분 오니 경사다

소나무

살에는 한파에도 기품 펴 서 있으니
철갑 옷 우람하고 그 기상 태산 같다
사시절 늘상 푸르러 한설에도 장하다

대나무

풍한설 날카롭게 몰려와 치근대고
매섭게 치대어도 꼿꼿함 가상하다
칼바람 마주하는 품 곧고 아주 의연타

설중매

한설에 살 떨려도 나무 끝 야위잖고
우듬지 물길 돌아 꽃자리 봉 솟는다
눈보라 세파 속에도 흰 눈 같은 고결함

청계산

온갖 업 안고 지녀 번민하는 이들이여
가슴속 불나거든 청계에 씻고 가소
물젖어
척척하거든
햇볕에 내 말리소

겨우내 긴 잠 한잠 자두리(동면)

더운철 나댔으니 추위엔 쉬어가지
이 겨울 고요 속에 현세를 묻어놓고
적막한
정적 속에서
무념무상 무방해

자면 또 못 깨날까 두렵고 걱정돼도
찢기는 살엠 보단 토굴 잠 낫다 싶어
겨우내
죽은 것처럼
긴 잠 한잠 자두자

밥차 오니 서둔다

공원 뜰 반그늘에 덤덤한 어르신들
예제서 몰려와도 수인사 뜻이 없다
세상사
관심이 없고
밥차 오니 서둔다

회광반조(廻光返照)

서산에 하루해가 벌겋게 기울고
영마루 넘은 햇살 시들어 사위는데
넘는 해
되쏜 빛살에
황혼빛 더 찬란타

판소리

천상의 득음이여, 구성진 아니리며
맛깔 난 발림에다 흥 돋우는 북장단
단장의
가락 흐름 속
판 반전에 엮인다

진도 아리랑

떼 소리 돌림 메김 버무리는 신명에다
죽지가 들썩이는 질박한 삼박자 흥
뼈있는
해학 조롱에
얼크러져 설키네

박토

척박한 황야라도 엉겅퀴 싹이 돋고
엄동의 동토에도 씀바귀 움 돋느니
선 곳이
박토더라도
생명 돋아 오르네

흰색 캔버스

여름 산 검초록에 가을 산 적갈인데
겨울 산 새하얗고 하늘만 하늘색
산하가
흰색 캔버스
새 화가 또 그리리

샛바람 텃세하니

샛바람 텃세하니 여름이 꽁무니 빼고
푹 찌던 찜통더위 가을비에 식는다
초목에
샛바람 불면
갈잎 되어 나르리

백야

흰 구름 숨죽이고 눈 세상 둘러보니
들 희고 숲도 희고 온 천하 흰색 백야
눈 쌓인
대나무 숲엔
멧새들만 짹짹여

찔레꽃

잔디에 치마폭을 주단처럼 펼쳐놓고
새하얀 백색등을 임 길에 점점 켜고
임 향한
굳은 정절로
가시 망도 둘렀다

제 4 부

세파를 비워내려

사람 내 나는 동네

사람들 대물림해 동네를 만들었고
동네는 자자손손 사람을 길러낸다
거기서
나서 자란 사람
동내처럼 질박해

어울려 맘을 알고 함께 해 속을 안다
살 맞대 사다 보니 사람 내 몸에 뱄다
사람 내
나는 동네서
사람 같은 사람 커

내 기분 내 거니까

좋은 거 좋은 거니 좋은데 맘 잡으리
웃으면 웃음 나고 울며는 눈물 나네
내 기분 어차피 내 거 내 기분 내 정하리

퍼질러 울수록 이 울음은 버릇되고
화내고 성낼수록 괴팍해지는 것을
내 맘도 어차피 내거 내 마음 내 살피리

흥 나면 기승하고 풀 사위면 기죽는 것
보챈다 달라질 리 없는 것 인생사라
내 뜻도 어차피 내거 뜻은 곧게 세우리

흰 연꽃, 꼿꼿이 목 새웠다

고결한 흰 베일에 목 길게 뽑고 섰다
실눈 떠 사부자기 반 미소를 풍기고
은은한
연 향내 흘려
온 방죽에 정준다

진흙 못 흙탕에도 한 점 때 묻지 않고
순백의 보드란 살 맑 밝은 빛이 도네
지고한
자태 지키려
꼿꼿이 목 세웠다

그리다 사위고 마는 꽃무릇*

파란 잎 보고파서, 빨강 게 울다 쉰 꽃
울어서 눈 물려도 잎 피기 전 져야 하네
그리다
사위고 마는
모가지 긴 상사화

* 꽃무릇 : 석화, 상상화로 불림.

나무

나무는 가뭄 들면 땅 깊이 뿌리 편다
펴지면 목재 질도 강하고 질겨진다
이보게
시련 오거든
억센 뿌리 내리지

미세 먼지

보통 날 미세먼지
목 갈그랑대는데

나빠진 환경 탓에
일기도 불순하네

가로수 없었더라면
숨넘어갈 뻔했지

오지게 핀 모둠 꽃, 진달래

살에는 긴 추위를 이기려 땅속 기고
솔잎서 떨어지는 물방울 목 추기며
산등성 척박한 땅에 오지게 핀 모둠 꽃

선대로 물림 한 산 박토라 탓 안 하고
자리한 그 비탈을 제자리 터전 삼아
장끼가 울던 산 둔덕 꽃자리 편 산 참꽃

산기슭 비탈에도 볕 들면 감지덕지
한시도 맘 급해서 잎보다 꽃 먼저다
예뻐도 과하지 않게 붉게 색 든 두견화

해 바뀜

가는 해 오는 해를 선 긋지 마시게나
가는 해 꼬리 문 게 오는 해 아니겠나
어제의
연장이 오늘
오늘 이어 내일 와

가는 해 서러워 말고 오는 해 반겨 맞게
맘 바꿔 삶 바뀌고 삶 바꿔 생 바뀌네
담담히
새해 맞으며
삶 바꿔 생 바루세

새해 솟음

밝은 해 솟음 한다 밝고도 따뜻하게
누리를 볕 덮는다 어디도 어둠 없게
해들라
들지 않은 곳
한 점 없이 맑밝게*

* 맑밝게 : 맑고 밝게.

송석정* 송림 송(頌)

송석정 송림 간에 철갑 두른 낙락장송
용트림 왠 연고며 암벽은 왜 껴안나
암절벽
눈비바람에
넘어질까 안았네

*송석정 : 전남 화순군에 위치한 정자, 필자의 고향.

새해 해돋이에

새론 해[年] 새론 해가 웃으며 용 솟았다
새 얼굴 맑고 밝고 선하게 떠올랐다
큰 웃음 알찬 희망이 온 누리를 감싼다

새 솟음 새 비춤이 새 맘을 맑혀 든다
우리 맘 맑혔으니 새 삶도 밝히리라
밝아진 우리네 삶이 새 역사를 쓰리라

기억도 추억되면

지난날 쓰라렸던 기억에 아파 마소
기억도 추억되면 괴롬도 아름다워
되새김
하고나 보면
괴롬 아픔 다 추억

이 쓸데없는 날

있어야 될 것 같은 별별 것 쓸어 모아
쓰일 날 오지 싶어 껴안고 살아간다
아서라
쓸 일 없는 날
여지없이 오리라

낙엽 져 나목 되니

낙엽 져 나목 되니 가지에 풍경 연다
우듬지 꼭지마다 산 풍경 내 걸린다
무성한
진갈색 벽이
잎이 지니 그림틀

버들개지

햇볕이 양달 펴며 도랑가 내려서니
게으른 버들개지 눈 뜨며 깨어나고
각색 꽃
아롱다롱이
웃으면서 펴어나

산기슭 외딴 고가

산기슭 후미진 골 고래 등 외딴 고가
기와에 버즘 폈고 이음매 와송(瓦松) 폈다
견뎌낸 풍상보다도 무관심 더 쓰리다

바람 비 모진 세월 꿋꿋이 바워냈고
눈 서리 거센 기상 빡세게 견뎠지만
살아낸 세월 서러워 처마 끝서 눈물져

큰 여망

잔잔한 파랑 일어 정한 맘 일렁이면
갖가지 상념들을 녹수에 씻어내고
맘 밭의
온갖 잡념들
풀 이슬에 헹구리

월파의 교교함이 산등 타 흐를 적에
챙겨둔 속마음도 은파로 맑히리라
세파에
저린 아집도
유연하게 바뀔 터

세파를 바워내려

야멸찬 세파 밀물 버티고 바워내려
세상 것 이고지고 힘겹게 품고 산다
하지만
요량하면서
허욕 벗고 추리게

힘겨워 주체 못 해 지치고 쓰러질 때
못 이길 무게들을 손 털고 놔 버리면
정신도
말끔해져서
정진한 듯 개운타

봄새 좋은 건 모두 꽃

꽃만 꽃 아니외다
봄새 좋음 모두가 꽃

토낀 양 손주 모두
사랑의 꽃이구요

늠름한 우리 자녀
이 모두가 꽃인 걸

수국 철 됐나 보다

뻐꾸기 울어 댄다 수국 철 됐나보다
산 넘어 들길 돌아 오뉴월 오시라고
모듬 꽃
둥근 꽃차례
덩실 솟을 덩이꽃

벼 포기 자란 논 속, 뜸부기 울 때 됐다
강 구비 돌아 돌아 초여름 오시라고
정원석
틈새 헤집고
크게 웃는 달 모양

귀뚜라미 울음소리

가파른 철 바뀜의 내리막 비탈에서
길게도 내쉰 한숨 서리로 영그는 밤
정 고파
가슴 조이며
짜내 뱉는 긴 하소

결 고운 서릿발에 오동잎 삭는 달밤
달빛에 헹구어 낸 정갈한 속마음을
너무도
감출 길 없어
달무리에 내 건다

아버지

흥 나서 춤춰본 지 얼마나 되었던가
청 높여 노래한 지 또 언제이었던가
남몰래
한숨 내쉬며
땅 쳤던 게 언제 적?

체면상 상한 감정 감추며 살았었고
남자라 눈물만은 숨기고 살았었네
새끼들
맘 상할까 봐
소리 한번 못 쳤네

제5부

천년 솔뫼 이루려

나팔꽃

해 뜨니 아침부터 목 뽑고 설치더니
아침 해 눈길 주니 넋 나가 쓰러진다
들떠서
새빨갛더니
정에 겨워 휘진다

눈 시린 빛살에는 부셔서 눈감더니
애타던 그리움에 얼빠져 기절한다
석양에
님 가신다니
남은 정에 또 핀다

노랑꽃창포

화사한 의장대 모자 똑바로 세워 쓰고
시퍼런 칼 세우고 항오를 맞춘 대열
각 잡고
정렬하고 서
부대인 듯 모였네

용장의 금빛 투구꽃으로 살아났고
날씬한 도검들이 잎으로 피어나
전생의
황실 친위대
꽃밭으로 펴났네

개망나니

동리 안 쌈지 공원 봄 들어 싹 돋는데
목줄 푼 강아지가 싹 밭에 볼일보곤
볕 들어
싹 나는 꽃밭
깨뭉개고 내 튄다

아가방

우주의 어느 행성 어느 골서 왔는지
눈감고 잠자는 품 지구인 아니로세
흠 없고
점 하나 없고
때 묻잖고 죄 없다

응애애 울음 울며 방언만 읊어대도
기도발 센 엄마만 통역 없이 알아듣네
아가의
울음 한 소절
온 천하를 휘젓네

눈에 선한 내 옛터, 고향

봄여름 녹수청산 갈 겨울 화려강산
찾아가 눕고 싶고 파고들어 자고 싶은
마음에
깊이 처박혀
잊히잖는 내 꿈터

향촌의 국죽석송 둘러선 취락풍경
한 곳도 처짐 없이 빼어난 산하 전경
추억 속
고향 산천은
눈에 선한 내 옛터

두어라 남은 여생 맘 비우고 살리라

세상에 백지로 와 어물쩍 쉽게 자라
내놀 것 세움 없고 맘 편히 살아왔네
아무리
돌이켜 봐도
야무지지 했네

공 없다 뭐 했느냐 나무람 마시게나
여태껏 못한 일을 남은 날 해 내겠나
두어라
남은 여생을
맘 비우고 살리라

불가능은 있다

물 위 산 솟아 섰고 산 아랜 물 차있어도
산은 물 못 건너고, 물은 산 넘지 못해
이렇듯
내 사전 속엔
불가능이 꼭 있네

세상사

세상사 쓸데없다 장탄식하지 마오
쓸모 큰 사람에겐 큰 쓸모 있는 세상
제 쓸모
모른 사람들
쓸데없다 말하네

참살이 본 보이라네

은혜도 많이 받고 큰 덕에 살았기로
남 섬김 해보려니 인심이 선생이라
섬김을
하시려거든
참살이 본 보이라네

정중히 맘 고쳐먹고 남 섬김 나섰더니
젊어 안 한 섬김이라 행동이 어설프다
서툴게
섬기려 하나
내 인사 짐 된다네

천년 솔뫼 이루려

솔바람 솔솔 불어 소나무 간질이니
솔방울 솔 씨 쏟아 솔 묘목 움 돋는다
자라서
큰 장송 되어
천년 솔뫼 이루렴

새 오늘

한두 순 살아본 새내기 삶 아닌데
아직도 어설퍼서 서툴기만 한 것은
날마다
새론 오늘이
새로 오는 이유라

금혼식 이내네

힘없는 사람 만나 빼겨봄 없는 아내
잘 웃고 양보하고 부러져 양보하네
팔순이 가까워지니 가끔 주장 세우네

시련 땐 기도하며 성경 펴 용기 주고
고민을 만나서는 죽는 법 없다 하데
황당한 일 당할 때는 이만해 다행이네

용기가 필요할 땐 믿는다 다독이고
투지가 필요할 땐 해낸다 믿음 주던
탈 없이 살아온 한 생 금혼식이 이내네

쓴소리

산수의 연륜이여 영욕의 경험이여
잎 시절 꽃 시절 결실 시절 넘었어도
아직껏 의지 있으니 새 그림을 그리리

세운 뜻 버리잖고 소원 줄 놓지 않고
내 맘에 결단 있고 몸 상기 동작하니
쓴소리 아끼지 않고 세상사 추스리리

여름 씬

아침 녘 박꽃 잎에
꽃이슬 사뿐 내려
하이얀 꽃잎마다
구슬이 대롱 폈다
햇살이 구슬 되쏘니
온 박밭은 은별 밭

별바다 은령 위를
잠자리 줄져 날고
초록 박 폭 너른 잎
개구리 모둠 뛴다
덩굴에 열린 애기 박
땡볕 쬐어 야무네

허구, 허영, 허업

허구를 좇다 보니 허무맹랑하여지고
허영을 따라보니 허장성세하게 되고
허업을
좇아 가보니
허사경영 되더라

하늘 창 닦아 내니

불가마 달궈대던 한증막 더위더니
가을비 물뿌리개 하늘 창 닦아내니
초록의 산등성이가 황갈녹적 색 든다

떠돌던 떼구름이 바람에 밀려가면
화사한 감나무도 고운 옷 벗어 갠다
파리한 가을 그믐달 훔쳐보고 야위네

뒤얽힌 세월 탓에 뒤섞인 사념 많다
오늘은 꼭 밝히리 꽃과 단풍 뉘 예쁜가
꼼꼼히 손꼽아 봐도 이번에도 불가능

홀로 라이프

친구도 다 보내고 형제도 갈가쳐서
혼자만 살아보려 홀로 삶 살아간다
외롭고
처량하여도
이골나니 살만해

앞뒤도 위아래도 좌우도 아니 보고
선후배 다 안 보고 가족 친구 안 봐 편타
발끝만
내려다보면
모두 안 봐 편하더

농촌 씬

물안개 뿌옇게 낀 여울목 논둑길을
할배는 일소 몰고 삔 발목 절며 간다
걸으며 내쏟는 푸념 허리 펼 날 언젤까

할배가 집에 오니 할매는 반겨 맞네
"어서쇼*, 손발 씻고 진잡쇼*" 인사한다
응! 하곤 일소만 몰아 외양간에 넣는다

할매는 상 차리곤 "진잡쇼!" 소리친다
할배는 외양간에 꼴 주느라 손 바쁘다
할매는 "찌게 다 식소!" 애태우며 성화다

* 어서쇼 : 어서오시오의 줄임말.
* 진잡쇼 : 진지 잡수쇼의 줄임말.

폐지 줍는 노인

육칠순 살고 나니 몸 늙고 기도 쇠해
망설여 잡은 일감 동네 안 폐지수집
할매도
함께 나서서
이저 골목 누빈다

영감은 앞서 끌고 할멈은 뒤를 밀며
켜켜이 쌓은 재산 무너질라 노심초사
하루 내
모아 온 살림
입 풀칠할 라면값

통곡

누구의 비명인지
뭐 그리 원통한지
까만 밤 산마루서
흐흐흙 울고 있네
그 눈물 빗물에 섞여
밤 산하에 펴지네

밤이슬 맞으면서
서울 돌던 실직자
타향 삶 접고 와서
소 울듯 오열하네
밤하늘 한 귀퉁이가
무너진 듯 펴우네

망백 노인

백수 노 노환으로 방지고 앓고 눴다
아낙들 드나들며 수시로 문안한다
식사는 잘하시나요? 잠은 푹 잘 자시요?

할머닌 걱정이다 나 빨리 가야 할 텐데
"눠 계셔도 꽃이네요" 아낙들 응원한다
가벼운 말 인사에도 깊은 속정 오가네

커리어 우먼

한 손에 커피 들고
어깨엔 핸드백 메고

커리어 우먼 가슴 펴고
번화가 깡총 걷네

걷다가 쇼윈도 앞서
뉴요커 됐나 견주네

엉망

쉼 없이 달렸는데 내 길이 아니라네
달리고 달렸는데 남 쳇바퀴 돌렸다네
넋 잃고
서성이는데
넌 누구냐 답하래

자연과 사색의 미학(美學)

김 전(시인, 문학평론가)

1. 들머리

시조는 700년간 이어온 우리민족의 숨결이다. 고려 말엽부터 흥망성쇠(興亡盛衰)를 거치면서 오늘까지 이어온 우리민족만이 갖고 있는 민족문학이다. 3장 6구 12음보의 형식을 갖고 현대적인 감각을 나타내어 묘사한다. 양충훈 시조시인의 작품은 자연을 대상으로 나타낸 작품이 대부분이다. 자연은 서정시의 근본 요체이다. 자연의 아름다움과 자신의 삶을 투영하여 시적으로 승화시켰다.

그리고 지나온 삶에 대한 추억을 그리워하면서 삶의 의미를 되새겨 보는 자성적(自省的인 작품이다. 시조는 형식과 내용이 조화롭게 이루어져야 한다. 고시조는 지금도 많은 사람에게 애송되고 있다. 그 이유는 삶의 모습을 시조로 나타내었기 때문이다. 그들은 삶이 시조였고 시조가 생활이었다.

그래서 시조를 시절가조라고 하였다. 시절가조의 준말이 시조이다. 양충훈의 시는 쉬우면서도 새로운 생각을 만들게 하는 작품이다.

2. 사유의 얼굴들

가. 봄의 찬미

상큼한 봄기운이 틈새 헤집어도
덜 녹은 눈사람이 훈풍을 막고 서네
스미는 초봄 냉기가 여직 골수 파고드네

봄 발길 힘겨워서 오시다 기진해도
땅 뚫고 오른 물기, 맴도니 땅 녹는다
바윈 듯 굳었던 흙 속 새싹들이 솟누나

—「봄 노래 –입춘 즈음」 전문

형식에 어긋나지 않는 정격시조로 이루어져 있다. 봄의 모습을 감각적으로 잘나타 내었다. 첫수는 기–서–전 구조이다. 종장 앞에(그러나) '스미는 초봄 냉기가 여직 골수 파고드네' 역접구조로 이루어져 있다.

둘째 수는 기–서–결 구조이다.(그래서) 바윈 듯 굳었던 흙 속 새싹들이 솟누나. 순접으로 문장이 이어졌다.

종장을 연결해 보면 냉기가 여직 골수에 박혔으나

흙 속 새싹들이 솟는다는 뜻이다. 이 작품은 자연의 섭리를 나타낸 작품이다.

지나쳐볼 만한 봄을 시인의 오감(五感)으로 잘 묘사하였다.

살 떨던 겨울 기온 훈훈히 녹아지며
푹해진 봄기운이 한기를 몰아내네
몸 풀린 각시원추리 눈 비비고 눈짓해

연초록 희망들이 또렷이 솟음 하면
땅속에 자던 생명들 흙 헤집고 올라선다
새봄도 양달 볕 펴듯 온 들판에 봄 편다

—「봄 노래 –조춘 기미」 전문

이른 봄의 모습을 나타낸 작품이다. 이 작품의 형식적인 면을 살펴보면 형식에 어긋난 부분은 한 곳도 없다. 내용 또한 자연스럽게 물 흐르듯 흐르고 있다. 원추리를 의인법을 나타내어 생동감을 부여하고 있다

둘째 수 종장에서도 '양달 볕 펴듯 온 들판에 봄 편다.' 라는 표현은 감각적이다. 장별 배행으로 나타냈으며 각 장별은 주술구조로 나타내어 전구와 후구끼리 연결이 잘 이루어지고 있다. 누구에게나 잘 이해되는 작품이다.

꽝꽝 언 산벚꽃이 조춘에 꽃을 핀다
봄님이 생긋 웃어 봄꽃에 눈길 주면

한기도 참아 이기고 꽃을 피는 봉 터짐

인생이 고달프냐 소년이 질문한다
추위를 거쳐야만 봄꽃도 쉬 피는 법
그렇듯 고생 이겨야 인생 꽃도 피나니

—「춘화현상(春花現狀)」 전문

두 수로 된 연시조이다. 첫째 수와 둘째 수가 대구를 이루고 있다.

추운 겨울을 이겨야만 꽃을 피우듯 인생도 시련을 거쳐야만 꽃피울 수 있다는 교훈적인 작품이다.

시조를 자유자재로 이끌어가는 힘이 돋보인다.

그리고 깊은 사유 속에서 끌어내는 작품이다. 이 작품은 독자들에게 깨달음을 주는 작품이다.

나. 생각의 파편들

사람에 시달리고 사건에 휘말리니
억울해 속상하고 말 참아 속 터진다
온종일 얽 맺힌 한을 잠꼬대로 맘 푼다

그 잘난 정규직들 깐깐해 얄짤없다
까불고 짓누르고 사람값 안쳐준다
더럽고 위험한 일들 골라가며 내꽂네

예제서 불러대서 붙여진 딸랑이 호(號)

말단도 대표님도 부르는 이름 어이!
서럽고 몸도 고달픈 열정 페이 인턴들

—「열정 페이 인턴」 전문

시조는 시절가조라고 하였다. 시절에 따라 부르는 노래이다. 다시 말한다면 시대를 반영한다는 뜻이다.

오늘날 젊은이들은 취업난에 허덕이고 있다. 실업자가 200만 명이 넘었다고 한다. 사회적으로 심각한 문제가 아닐 수 없다. 실업자로 내몰린 젊은이들은 꿈을 잃었다. 이런 암담한 현실이 작품에 반영되고 있다.

위의 작품은 비정규직으로 살아가는 사람들의 아픔을 노래하고 있다. 정규직보다 일은 더 열심히 해도 차별 받는 현실을 리얼하게 표현했다. 어렵고 힘든 일들은 비정규직이 도맡아 하는데 대가는 미치지 못하고 있다. 비정규직도 차별받지 않는 날이 오길 기대한다.

각 장 종장을 보면 비정규직의 모습이 선명하게 드러난다.

첫째 수 온종일 얽 맺힌 한을 잠꼬대로 맘 푼다
둘째 수 더럽고 위험한 일들 골라가며 내꽂네
셋째 수 서럽고 몸도 고달픈 열정 페이 인턴들

이 작품은 현실을 반영한 작품이라서 독자들에게 공감을 받을 수 있다.

신작로 양편으로 종대로 두 줄 늘어
길 따라 구불구불 줄 잇는 긴 긴 행렬

고달픈
행군에 지쳐
줄 선 채로 조누나

잎가지 위장하고 앞 사람 좇는 행군
군가도 없이 걸어, 가는 길 고달픈지
걷다가
해 넘어가니
짐 진 채로 자누나

―「가로수」 전문

이 작품은 형상화가 잘 된 작품이다. 의인법으로 나타내었으며 작가의 상상력을 충분히 발휘한 작품이다. 고달픈 삶을 군인의 모습으로 표현한 점은 돋보인다.

첫째 수에서 졸다가, 둘째 수에서 짐 진 채로 자누나 로 나타내어 점층법으로 나타내었다. 역동적인 이미지가 생동감을 부여하고 있다.

'조누나' '자누나' 로 각각 끝을 내었다. 각운으로 나타내어 음악성을 살리고 있다.

시월의 어느 오후 가로수 반그늘에
누릇한 개모과가 두어 개 열렸는데
그 아래
줄 풀린 개가
오줌 싸고 내뺀다

백련 핀 연방죽에 물바람 일렁이면

펑퍼진 연잎들이 푸석이 마르는데
연잎 위
청개구리는
폴짝폴짝 노니네

—「무심」 전문

이 작품은 작가의 시선에 따라 묘사되고 있다. 이 작품의 첫째 수 '개모과'와 아래에 '개가 오줌 싸고 내뺀다.' 펀(Pun) 기법이다. 둘째 작품은 잎이 마르는데 '청개구리는 폴짝폴짝 노니네' 대조법으로 나타내었다. 기-전-결의 구조이다.

무심이라는 작품은 재미있는 작품이다. 사물을 보고 스케치하듯 그려놓은 작품이다. 초장 중장에서 배경을 제시하고 종장에서 중심 인물의 동작을 나타내고 있다.

꽤 옛날 호박밭이 아파트 산 되어 섰다
서강에 가던 길도 흔적도 자국 없다
여기가
호박밭임을
상노인만 아느니

—「신촌」 전문

나는 못 보내네 나, 이 봄 어이 보내
한 봄 내 다독인 정 켜켜이 쌓이는데
한 계절
즐겼었다고

세월인 듯 못 보네

―「나, 이 봄 어이 보네」 전문

널따란 개펄 벌판 새떼의 삶의 자리
샅샅이 뒤졌는지 발자국 스멀댄다
사람 발
못 밟아 본 곳
새떼는 다 뒤졌다

―「새 발자국 스멀댄다」 전문

시조는 단형시조가 시조의 본령이다. 김문억 시인은 시조는 단형시조를 써야 한다고 주장하였다. 연속적으로 이어지는 율격을 지양하기 위해서는 사설시조를 써야 한다고 주장하였다.

오늘날 단형시조는 짧지만, 독자들에게 호응을 받을 수 있다고 본다.

따라서 단형시조가 많이 씌어졌으면 한다.(번호는 필자가 매김)

「신촌」은 역사의 흐름 속에 환경이 상전벽해가 되었음을 실감하게 하는 작품이다.

「나, 이 봄 어이 보네」에서도 작가의 성정이 잘 나타나 있다. 초장에서 봄을 보낼 수 없다고 하였다. 그 이유를 중장과 종장에서 나타내고 있다.

「새 발자국 스멀댄다」에서 새로운 발견이다. 사람이 밟아보지 못한 땅을 새 떼는 다 밟아 보았다고 했다.

위 세 수는 모두 단형시조로 되어 있다. 배경과 작가의 성정이 잘 나타나 있다.

주제가 분명한 메시지를 주고 있다. 위 작품은 감동과 깨달음을 주고 있을 뿐 아니라 시적감각을 유감없이 발휘하고 있다.

맘 아파 우는 모습 자식에게 안 보이려
눈 속에 눈 들어가 눈물 난다 눈 비비던
어머니
겨우살이는
눈물에 찬 삶 살이

아픈 속 멍들잖게 따뜻하게 감싸주던
가슴팍 박인 말씀 그 위로 못 잊겠네
사내놈
서너 번 실팬
훈련이라 하셨네

―「어머니의 겨우살이」 전문

어머니의 마음이 잘 나타난 작품이다 첫째 수 중장에서 '눈 속에 눈 들어가 눈물 난다 눈 비비던 어머니' 여기에서 자식을 위한 어머니의 속임수가 들어 있다. 중장에서는 자식에게 희망을 주기 위해, 몇 번의 실패는 훈련이라 하시면 용기를 북돋우어 주고 있다.

우리들의 어머니를 묘사하였다. 어려웠던 시절 겨우살이처럼 고생과 희생만 하신 어머니- 클로즈업되어 떠오른다.

이런 작품은 감동과 공감을 주기에 충분한 작품이다.

다. 꽃들의 향연

잔디에 치마폭을 주단처럼 펼쳐놓고
새하얀 백색등을 임 길에 점점 켜고
임 향한
굳은 정절로
가시 망도 둘렀다

—「찔레꽃」 전문

찔레꽃은 추억의 꽃이다. 찔레 순을 질겅질겅 씹으면서 하얀 꽃을 바라보던 때가 생각난다. 이 작품에서 비유와 상상이 절묘하게 어우러져 작품의 미적 감각을 살리고 있다. 초장에서 종장으로 사물을 구체적으로 초점을 맞추고 있다. 주단– 백색등– 굳은 정절로 이어지고 있다. '굳은 정절을 지키기 위해 가시 망도를 둘렀다.' 는 새로운 의미의 발견이다.

단형시조로서 성공한 작품이다.

뻐꾸기 울어 댄다 수국 철 됐나보다
산 넘어 들길 돌아 오뉴월 오시라고
모듬 꽃
둥근 꽃차례

덩실 솟을 덩이꽃

벼 포기 자란 논 속, 뜸부기 울 때 됐다
강 구비 돌아 돌아 초여름 오시라고
정원석
틈새 헤집고
크게 웃는 달 모양

—「수국 철 됐나 보다」 전문

첫째 수에서 뻐꾸기 울기 때문에 수국이 핀다고 했다. 둘째 수에서 벼 포기 자라면 뜸부기 운다고 했다. 서로 대구를 이룬다.

종장을 살펴보면 수국을 '덩실 솟을 덩이꽃' '틈세 헤집고 크게 웃는 달 모양'에서 수국을 상징적으로 잘 나타냈다.

단형시조로서 멋과 맛을 내고 있다.

화사한 의장대 모자 똑바로 세워 쓰고
시퍼런 칼 세우고 항오를 맞춘 대열
각 잡고
정렬하고 서
부대인 듯 모였네

용장의 금빛 투구꽃으로 살아났고
날씬한 도검들이 잎으로 피어나
전생의
황실 친위대

꽃밭으로 펴났네

—「노랑꽃창포」 전문

창포꽃을 의인법으로 나타내어 개성적으로 묘사하였다. 낯설기 기법으로 '시퍼런 칼 세우고 항오를 맞춘 대열' '날씬한 도검들이 잎으로 피어나.' 등은 창조적 표현이다. 은유적인 묘사로 시적 미감을 극대화시켜놓았다. 이야기가 있는 시조다. 형상화가 뛰어난 작품이다.

꽃을 보고 자유자재로 시어를 부릴 줄 아는 꽃의 시인이다.

상상을 통하여 새로운 의미를 만들어내는 작가의 능력은 독자들에게 공감을 주고 있다.

얼핏 봐 잘 모른다 어디 어찌 예쁜지
한 눈엔 알 길 없다 얼굴색 깔끔함을
토라져
삐딱하게 선
아내 같은 앙칼짐

토라져 돌아섰다 언죽번죽 구는 여유
달 얼굴 보고파서 곱 딛고 서는 오기
해름에
마주 서 오며
삐죽 입술 내민다

—「달맞이꽃」 전문

이 작품도 달맞이꽃을 아내로 나타내어 형상화 한 작품이다.

종장에서 화자의 생각으로 꽃의 모양을 나타내고 있다.

토라져/ 삐딱하게 선/ 아내 같은 앙칼짐

해름에/ 마주 서 오며/ 삐죽 입술 내민다

달맞이꽃의 꽃말은 기다림, 소원, 마법, 마력이다.

언죽번죽의 뜻은 조금도 부끄러워하는 기색이 없고 비위가 좋아 뻔뻔한 모양을 말한다. 즉 철면피한 사람이다. 많은 것을 생각하게 만드는 작품이다. 달맞이꽃을 통하여 작가의 생각이 들어간 작품이다. 주제는 달에 대한 기다림과 그리움이다.

3. 마무리

시조는 정형시이다. 오랫동안 우리민족의 정서가 들어있는 문학이다. 3장 6구 12음보의 율격을 지키면서 지금까지 유유히 이어지고 있는 민족시다.

사대주의 사상에 물들어서 우리 것을 업신여기고 남의 것을 숭상하는 잘못된 문화가 남아 있다. 그래서 한시에 밀려 우리의 시조가 변두리 문학으로 밀려나오게 됐다.

오늘날 시조 작가들이 갈수록 늘어나고 있는 것은 좋은 현상이라고 생각한다. 현대시조가 내용면에서 많은 발전을 해 온 것은 바람직한 일이다. 그러나 시조를 현대화로 가는 과정에서 율격을 파괴하는 일이 벌어지고 있다. 형식이 무너진다면 시조의 본질이 사라진다고 본다. 따라서 시조의 존재가치가 없어진다.

솔뫼 양충훈의 작품을 살펴보면 다음과 같다.

가. 시조의 본질인 형식면에서 정격을 철저히 지키고 있다.

나. 시조의 주제 면에서 생활에서 일어나는 여러 가지 삶을 소재로 하고 있다.

다. 작품을 새로운 이미지로 형상화하는 능력이 탁월하다.

라. 시조의 배열을 장별 배행, 장별 배행 + 음보 배행, 구별 배행 등 다양함을 보여주고 있다.

마. 감각적 묘사를 통하여 시의 미적 감각을 높이고 있다.

솔뫼 양충훈의 시조집 『당신이 주신 한 줌 꽃씨』 새롭게 선을 보인다.

다양한 재제와 소재로 삶의 모습을 나타내었다. 양충훈 시조시인의 작품들은 형식이라는 그릇에 내용이 자연스럽게 담겨져 있다. 읽으면 읽을수록 깊은 뜻이 담겨져 있다.

자연과 사색이 담겨져 있는 이 작품이 독자들에게 사랑받는 시집으로 자리매김하길 바란다.

문학세계대표작가선 886

당신이 주신 한 줌 꽃씨

솔뫼 양충훈 시조선집

인쇄 1판 1쇄 2019년 4월 25일
발행 1판 1쇄 2019년 5월 2일

지 은 이 : 양충훈
펴 낸 이 : 김천우
펴 낸 곳 : 도서출판 천우
등 록 : 1992. 2. 15. 제1-1307호
주 소 : 서울시 성동구 무학봉28길 6 금용빌딩 2F
전 화 : 02)2298-7661
팩 스 : 02)2298-7665
http://moonhak.wla.or.kr
E-mail : chunwo@hanmail.net

값 10,000원

ISBN 978-89-7954-767-2

이 도서의 국립중앙도서관 출판예정도서목록(CIP)은 서지정보유통지원시스템 홈페이지(http://seoji.nl.go.kr)와 국가자료공동목록시스템(http://www.nl.go.kr/kolisnet)에서 이용하실 수 있습니다. (CIP제어번호: CIP2019015800)